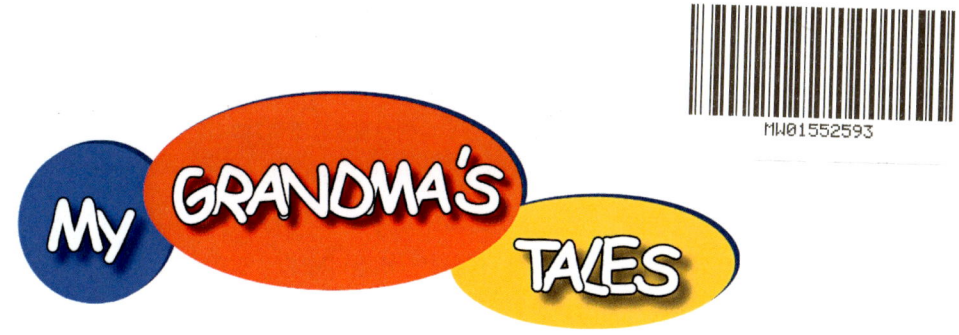

The Little Mermaid
Die kleine Seejungfer

Hans Christian Andersen

Bilingual Fairy Tale in English and German
by Svetlana Bagdasaryan

Far out at sea the water is as blue as the petals of the most beautiful cornflower, and as clear as the purest crystal, but it is very deep—deeper than any cable can reach. Many church towers would have to be placed one on the top ot another to reach from the bottom to the surface of the sea. Down there live the mermen and the mermaids.

Now you must not think that there is only the bare, white sandy bottom down there. No, the most wonderful trees and plants grow there, the stalks and leaves of which are so pliable that the least movement of the water sets them in motion, just as if they were alive. All the fishes, big and small, glide in and out among the branches, just as the birds do up above in the air. In the deepest place of all lies the palace of the Sea King, the walls of which are of corals and the long, pointed windows of clearest amber, but the roof is made of mussel shells, which open and shut with the motion of the water. It is a lovely sight, for in each shell lie pearls, a single one of which would be a great gem in a queen's crown.

The Sea King had been a widower for many years, but his old mother kept house for him. She was a wise woman, but very proud of her noble rank, and therefore she used to wear twelve oysters on her tail, while other grand folks were allowed to wear only six.

In other respects she deserved great praise, especially because she was so very fond of the sea princesses, her granddaughters. They were six beautiful children, but the youngest was the most beautiful of them all. Her skin was as clear and as delicate as a rose-petal, and her eyes as blue as the deepest sea, but, like all the others, she had no feet. Her body ended in a fish's tail.

All day long they played in the large halls of the palace, where living flowers grew out of the walls. The large amber windows were opened, and the fishes then swam into them, just as the swallows fly in to us when we open the windows; but the fishes swam right up to the little princesses, ate from their hands, and let themselves be stroked.

Outside the palace was a large garden with fiery-red and dark-blue trees; the fruits beamed like gold and the flowers like burning flames, because they continually moved their stalks and leaves to and fro. The ground itself was of the finest sand, but as blue as sulphur flames. A strange blue light shone upon everything down there. It was easier to believe that one was high up in the air, with only the blue sky above and beneath one, than that one was at the bottom of the sea.

In calm weather one could see the sun, which looked like a purple flower from the cup of which all the light streamed forth.

Weit draußen im Meere ist das Wasser so blau wie die Blütenblätter der schönsten Kornblume, und so klar wie das reinste Glas, aber es ist dort sehr tief, tiefer als irgendein Ankertau reicht, viele Kirchtürme müßten aufeinandergestellt werden, um vom Grunde bis über das Wasser zu reicher. Dort unten wohnt das Meervolk.

Nun muß man nicht etwa glauben, daß dort nur der nackte, weiße Sandboden sei! Nein, da wachsen die wundersamsten Bäume und Pflanzen, deren Stiele und Blätter so geschmeidig sind, daß sie sich bei der geringsten Bewegung des Wassers rühren, als ob sie lebend wären. Alle Fische, klein und groß, schlüpfen zwischen den Zweigen hindurch, gerade wie hier oben die Vögel in der Luft. An der allertiefsten Stelle liegt des Meerkönigs Schloß. Die Mauern sind aus Korallen und die langen spitzen Fenster von allerklarstem Bernstein. Das Dach aber besteht aus Muschelschalen, die sich öffnen und schließen, je nachdem das Wasser strömt; das sieht prächtig aus, denn in jeder liegen strahlende Perlen, eine einzige davon würde der Stolz einer Königskrone sein.

Der Meerkönig dort unten war seit vielen Jahren Witwer, aber seine alte Mutter besorgte sein Haus. Sie war eine kluge Frau, doch recht stolz auf ihren Adel deshalb trug sie zwölf Austern auf dem Schwanze während die anderen Vornehmen nur sechs tragen durften.

Sonst verdiente sie großes Lob, besonders weil sie die kleinen Meerprinzessinnen, ihre Enkelinnen, so liebte. Das waren sechs prächtige Kinder, aber die jüngste war die schönste von allen. Ihre Haut war so klar und zart wie ein Rosenblatt, ihre Augen so blau wie die tiefste See, aber ebenso wie alle die anderen hatte sie keine Füße. Ihr Körper endete in einem Fischschwanz.

Den lieben langen Tag durften sie unten im Schlosse, wo lebendige Blumen aus den Wänden wuchsen, spielen. Die großen Bernsteinfenster wurden aufgemacht, und dann schwammen die Fische zu ihnen herein, gerade wie bei uns die Schwalben hereinfliegen wenn wir die Fenster aufmachen. Aber die Fische schwammen geradeswegs auf die kleinen Prinzessinnen zu, fraßen aus ihren Händen und ließen sich streicheln.

Draußen vor dem Schlosse war ein großer Garten mit feuerroten und dunkelblauen Bäumen, die Früchte strahlten wie Gold und die Blumen wie brennendes Feuer, indem sie fortwährend Stengel und Blätter bewegten. Der Boden selbst war der feinste Sand aber blau wie Schwefelflamme. Über dem Ganzen dort unten lag ein seltsamer blauer Schein, man hätte eher glauben mögen, daß man hoch oben in der Luft stände und nur Himmel über und unter sich sähe, als daß man auf dem Meeresgrunde sei.

Bei Windstille konnte man die Sonne sehen, sie erschien wie eine Purpurblume aus deren Kelche alles Licht strömte.

Each of the young princesses had her own little plot in the garden, where she might dig and plant as she pleased. One gave her flower-bed the shape of a whale, another preferred hers to resemble a little mermaid; but the youngest made hers quite round like the sun, and grew only flowers that gleamed red like the sun itself.

She was a strange child, quiet and thoughtful; and when her other sisters decked themselves out with the most wonderful things which they obtained from wrecked ships, she cared only for her flowers, which were like the sun up yonder, and for a beautiful marble statue, a beautiful boy hewed out of pure white stone, which had sunk to the bottom of the sea from a wreck. She planted close by the statue a rose-colored weeping willow, which grew luxuriantly, and hung its fresh branches right over it down to the blue, sandy ground. Its shadow was violet and moved to and fro like its branches. It looked as if the top and the roots played at kissing one another.

Nothing gave her greater joy than to hear about the world above and its people.

* * *

Jede der kleinen Prinzessinnen hatte ihren kleinen Fleck im Garten, wo sie graben und pflanzen konnte, ganz wie sie wollte. Eine gab ihrem Blumenbeet die Gestalt eines Walfisches, einer anderen erschien es hübscher, daß das ihre einem Meerweiblein glich, aber die Jüngste machte ihr Beet ganz rund wie die Sonne und hatte nur Blumen darauf, die so rot wie diese leuchteten. Sie war ein seltsames Kind, still und nachdenklich, und während die anderen Schwestern sich mit den merkwürdigsten Sachen, die aus gestrandeten Schiffen genommen waren, putzten, wollte sie nur, außer ihren rosenroten Blumen, die der Sonne dort oben glichen, ein schönes Marmorbild haben. Es war ein herrlicher Knabe, aus weißem, klarem Stein gehauen, der beim Stranden auf den Meeresboden gesunken war. Sie pflanzte neben dem Bilde eine rosenrote Trauerweide, die prächtig wuchs und mit ihren frischen Zweigen darüber hing bis auf den blauen Sandboden hinab, wo der Schatten sich violett färbte und gleich den Zweigen in sanfter Bewegung war; es sah aus, als ob die Spitze und die Wurzeln miteinander spielten, als ob sie sich küssen wollten.

Sie kannte keine größere Freude, als von der Menschenwelt über ihr zu hören.

Her old grandmother had to tell her all she knew about ships and towns, about human beings and animals. What seemed to her particularly strange and beautiful was that up on the earth the flowers gave out a fragrance which they did not do at the bottom of the sea, and that the woods were green, and the fish, which were to be seen there among the branches, could sing so loudly and beautifully that it did one's heart good to hear them. It was the little birds that her grandmother used to call fishes, for otherwise the mermaids would not have understood her, as they had never seen a bird.

"When you are fifteen years old," said her grandmother, "you will be allowed to rise to the surface of the sea and sit on the rocks in the moonlight and look at the big ships which sail past; and forests and towns you shall also see."

The following year one of the sisters would be fifteen, but the others—well, each of them was a year younger than the other, so the youngest would have to wait five long years before she could venture up from the bottom of the sea and have a look at the world above. But they promisedto tell one another what they had seen on the first day and found to be most beautiful; for their grandmother had not told them enough, there was so much they wanted to know more about.

No one longed more that her time should come than the youngest, who had the longest time to wait, and who was so quiet and thoughtful. Many a night did she stand at the open window, looking up through the dark-blue water, where the fishes were beating about with their tails and fins. She could see the moon and the stars shining, although somewhat indistinctly, but through the water they appeared much larger than to our eyes.

If something like a black cloud passed between her and the moon, she knew it was either a whale swimming above her, or a ship sailing past with many people on board; they could have no idea that a lovely little mermaid was standing below them, stretching her white hands up toward the keel of their ship.

The eldest princess was now fifteen years of age, and might venture up to the surface of the water. When she came back, she had hundreds of things to tell; but the loveliest of all, she said, was to lie in the moonlight on a sand-bank when the sea was calm, and see the big city close to the coast, where the lights were twinkling like hundreds of stars, to hear the music and the noise and rattle of the carriages and people, to see the many church towers and steeples, and hear the bells ringing. Just because she could not get there, she longed most of all for this.

Die alte Großmutter mußte ihr alles erzählen, was sie wußte von den Schiffen und Städten, Menschen und Tieren. Ganz besonders wunderbar und herrlich erschien es ihr, daß oben auf der Erde die Blumen dufteten, denn das taten sie auf dem Meeresboden nicht, und daß die Wälder grün waren und die Fische, die man dort auf den Zweigen sieht, so laut und lieblich singen konnten, daß es eine Lust war. Es waren die kleinen Vögel, die die Grobmutter Fische nannte, denn sonst hätten es die Kinder nicht verstehen können, da sie nie einen Vogel gesehen hatten.

"Wenn Ihr Euer fünfzehntes Jahr erreicht habt," sagte die Grobmutter, "so werdet Ihr Erlaubnis bekommen, aus dem Meere emporzutauchen, im Mondschein auf den Klippen zu sitzen und die großen Schiffe vorbeisegeln zu sehen, auch die Wälder und Städte sollt Ihr dann sehen!" Im nächsten Jahre wurde die eine von den Schwestern fünfzehn Jahre, aber die anderen, die eine war immer ein Jahr jünger als die andere, die Jüngste mußte also noch fünf lange Jahre warten, bevor sie vom Meeresgrund aufsteigen und sehen konnte, wie es bei uns aussieht. Aber die eine versprach der anderen zu erzählen, was sie gesehen und am ersten Tage am schönsten gefunden hätte denn ihre Grobmutter erzählte ihnen nicht genug, da war noch so vieles, worüber sie Bescheid wissen mußten.

Keine war so sehnsuchtsvoll, wie die Jüngste, gerade sie, die am längsten Zeit zu warten hatte und die so still und gedankenvoll war. Manche Nacht stand sie am offenen Fenster und sah hinauf durch das dunkelblaue Wasser, wo die Fische mit ihren Flossen und Schwänzen einherruderten. Mond und Sterne konnte sie sehen; zwar leuchteten sie nur ganz bleich, aber durch das Wasser sahen sie viel größer aus, als für unsere Augen; glitt es dann gleich einer schwarzen Wolke unter ihnen dahin, so wußte sie, daß es entweder ein Walfisch war, der über ihr schwamm, oder auch ein Schiff mit vielen Menschen; die dachten gewiß nicht daran, daß eine liebliche kleine Seejungfer unten stand und ihre weißen Hände gegen den Kiel emporstrecken.

Nun war die älteste Prinzessin fünfzehn Jahre alt und durfte zur Meeresoberfläche aufsteigen.

Als sie zurückkam, wußte sie hundert Dinge zu erzählen, das herrlichste jedoch, sagte sie, wäre, im Mondschein auf einer Sandbank in der ruhigen See zu liegen und zu der großen Stadt dicht bei der Küste hinüberzuschauen, wo die Lichter blinkten wie hundert Sterne, die Musik und den Lärm und die Geräusche der Wagen und Menschen zu hören, die vielen Kirchtürme und Giebel zu sehen und zu hören, wie die Glocken läuten. Und die Jüngste sehnte sich immer mehr nach diesem allen, gerade weil sie noch nicht hinauf durfte.

Oh, how the youngest sister listened to every word! And when, later on in the evening, she stood by the open window and looked up through the dark-blue water, she thought of the large city with all its noise and bustle, and then she thought she could hear the church bells ringing down where she was.

The year after the second sister was allowed to go to the surface and to swim about where she pleased. She emerged above the water just as the sun was setting, and this sight she found to be the loveliest of all.

The whole of the heavens looked like gold, she said; and the clouds—well—she could not sufficiently describe their glory! Red and purple, they had sailed past above her head, but much more rapidly than the clouds flew a flock of wild swans, like a long white veil, over the water toward where the sun stood; she swam toward it, but it sank below the horizon, and the rosy hue on the water and the clouds vanished.

The year after the third sister came up to the surface; she was the boldest of them all, and swam up a broad river which ran into the sea. She saw beautiful green hills, covered with vines; palaces and houses peeped out between the mighty trees of the forests, and she heard how all the birds were singing. The sun shone so warm that she often had to dive under the water to cool her burning face. In a little bay she came across a whole flock of children, who ran and splashed about, quite naked, in the water; she wanted to play with them, but they ran away in great fright, when a little black animal—it was a dog, but she had never seen one before—began barking so terribly at her that she became frightened and made her way back to the open seas. But she could never forget the mighty forests, the green hills, and the beautiful children who could swim about in the water, although they had no fish's tail.

The fourth sister was not so daring; she remained far out at sea among the wild waves; and there, she said, was certainly the loveliest place one could see for many miles around, and above rose the heavens liks a big glass bell. She had seen ships, but they were far away and looked like sea-gulls; the lively dolphins had made somersaults, and the great whales had spouted water from their nostrils till it seemed as if there were a hundred fountains all around.

Now came the fifth sister's turn; her birthday was in the winter, and therefore she saw what the others had not seen the first time.

The sea looked quite green, and great icebergs were floating about, each looking like a pearl, she said, and yet they were much larger than the church towers built by men.

O, wie horchte sie auf, und wenn sie dann abends am offenen Fenster stand und durch das dunkelblaue Wasser hinaufsah, dachte sie an die große Stadt mit all ihrem Lärm und Geräusch, und dann vermeinte sie, die Kirchenglocken bis zu sich herunter läuten zu hören.

Ein Jahr danach bekam die zweite Schwester Erlaubnis, durch das Wasser aufzusteigen und zu schwimmen, wohin sie wollte. Sie tauchte auf, gerade als die Sonne unterging, und dieser Anblick erschien ihr das schönste. Der ganze Himmel habe wie Gold ausgesehen, sagte sie, und die Wolken – Ja, deren Herrlichkeit konnte sie nicht genug beschreiben! Rot und violett waren sie über ihr dahingesegelt, aber weit hurtiger als sie flog, wie ein langer weißer Schleiers ein Schwarm wilder Schwäne über das Wasser hin, wo die Sonne stand. Sie schwamm ihr entgegen, aber sie sank, und der Rosenschimmer erlosch auf der Meeresfläche und den Wolken.

Im Jahre darauf kam die dritte Schwester hinauf. Sie war die dreisteste von allen. Darum schwamm sie einen breiten Fluß hinauf, der in das Meer mündete. Herrliche grüne Hügel mit Weinreben sah sie, und Schlösser und Bauernhöfe schauten zwischen den prächtigen Wäldern hervor, sie hörte, wie alle Vögel sangen, und die Sonne schien so warm, daß sie untertauchen mußte, um im Wasser ihr brennendes Antlitz zu kühlen. In einer kleinen Bucht traf sie eine Schar kleiner Menschenkinder, ganz nackend liefen sie im Wasser umher und plätscherten, sie wollte mit ihnen spielen, aber sie waren erschreckt davon gelaufen, und ein kleines schwarzes Tier war gekommen – das war ein Hund, aber sie hatte nie zuvor einen Hund gesehen , der bellte sie so schrecklich an, daß sie es mit der Angst bekam und schnell in die offene See zu kommen suchte. Aber niemals konnte sie die prächtigen Wälder vergessen, und die grünen Hügel und die niedlichen Kinder, die im Wasser schwimmen konnten, obwohl sie keinen Fischschwanz hatten.

Die vierte Schwester war nicht so dreist, sie blieb draußen mitten im wilden Meer und erzählte, daß gerade das das Herrlichste gewesen wäre: Man sehe viele Meilen weit umher, und der Himmel stände über einem wie eine große Glasglocke. Schiffe hätte sie gesehen, aber weit in der Ferne, sie sähen aus wie Strandmöven; die lustigen Delfine hätten Purzelbäume geschlagen, und die großen Walfische hätten aus ihren Nasenlöchern Wasser hoch in die Luft gespritzt, so daß es wie hundert Springbrunnen ringsumher ausgesehen habe.

Nun kam die Reihe an die fünfte Schwester; ihr Geburtstag fiel gerade in den Winter, und darum sah sie, was die anderen das erste Mal nicht gesehen hatten. Das Meer nahm sich ganz grün aus, und ringsum schwammen große Eisberge. Jeder sähe aus, wie eine Perle, sagte sie, und doch sei er größer als die Kirchtürme, die die Menschen bauten.

They were of the most wonderful shapes, and glittered like diamonds. She had settled herself on one of the largest of them, and all the ships with their terror-stricken crews eluded the place where she sat, and let the wind play with her long hair. But toward evening the sky became overcast with clouds; it thundered and lightened, and the dark waves lifted the big ice blocks high up, while they shone brightly at every flash of lightning. All the ships' sails were reefed, the minds of those on board were filled with fear and anxiety; but she sat quietly on her floating iceberg, and saw the blue flashes of forked lightning strike down into the glittering sea.

When the sisters came to the surface of the water the first time, they were always delighted with all the new and beautiful sights they saw; but now, when they, as grown-up girls, were allowed to go up when they liked, they became indifferent and longed to be home again, and after a month had passed they said it was best, after all, down at their place, and, besides, it was much more pleasant at home.

Many an evening the five sisters would take one another by the arm and ascend together to the surface. They had beautiful voices—more beautiful than any human being; and when a storm was gathering, and they expected ships would be wrecked, they swam in front of the ships, and sang so sweetly of the delights to be found at the bottom of the sea, and told the sailors not to be afraid of coming down there. But the sailors could not understand their language: they believed it was the storm. Nor did they ever see the splendors down there; for when the ships went down the men were drowned, and reached the palace of the Sea King only as corpses.

When, in the evenings, the sisters thus rose, arm in arm, high up through the water, the little sister would stand all alone looking after them, feeling as if she could cry; but a mermaid has no tears, and therefore she suffered all the more.

"Oh, if I were only fifteen! she said. "I know I shall love the world up above, and all the people who live and dwell there."

At last she was fifteen years old.

"Well, now you are off our hands," said her grandmother, the old queen-dowager. "Come here, let me deck you like your other sisters." And she put a wreath of white lilies in her hair; every leaf in the flowers was half a pearl. The old lady ordered eight large oysters to hang on to the princess's tail, to show her high rank.

"But it hurts so!" said the little mermaid.

"Well, one has to suffer for appearances," said the old lady.

Oh, how gladly would she not have shaken off all this finery and put aside the heavy wreath! The red flowers in her garden would have suited her much better, but she dared not make any change now.

In den seltsamsten Gestalten zeigten sie sich und funkelten wie Diamanten. Sie hatte sich auf einen der größten gesetzt, und alle Segler kreuzten erschrocken in großem Bogen dort vorbei, wo sie saß und ihre Haare im Winde fliegen ließ. Aber gegen Abend überzog sich der Himmel mit schwarzen Wolken, es blitzte und donnerte, während die schwarze See die großen Eisblöcke hoch emporhob und sie in rotem Lichte erglänzen ließ. Auf allen Schiffen nahm man die Segel herein, und überall herrschte Angst und Grauen, sie aber saß ruhig auf ihrem schwimmenden Eisberg und sah die blauen Blitze im Zickzack in die schimmernde See herniederschlagen. Das erste Mal, wenn eine der Schwestern über das Wasser emporkam, war jede entzückt über all das Neue und Schöne, was sie sah, aber da sie nun als erwachsene Mädchen emporsteigen durften, wann sie wollten, wurde es ihnen gleichgültig, sie sehnten sich wieder nach Hause zurück, und nach eines Monats Verlauf sagten sie, daß es doch unten bei ihnen am allerschönsten sei, man sei da so hübsch zu Hause.

In mancher Abendstunde faßten sich die fünf Schwestern an den Händen und stiegen in einer Reihe über das Wasser hinauf. Herrliche Stimmen hatten sie, schöner als irgendein Mensch, und wenn dann ein Sturm heraufzog, so daß sie annehmen konnten, daß Schiffe untergehen würden, so schwammen sie vor den Schiffen her und sangen so wundersam, wie schön es auf dem Meeresgrunde sei, und sie baten die Schiffer, sich nicht zu fürchten vor dem Untergehn, aber diese konnten die Worte nicht verstehen und glaubten, es wäre der Sturm. Und sie bekamen die Herrlichkeiten da unten auch nicht zu sehen, denn wenn das Schiff sank, ertranken die Menschen und kamen nur als Tote zu des Meerkönigs Schloß.

Wenn die Schwestern so Arm in Arm am Abend durch die See hinaufstiegen, dann stand die kleine Schwester ganz allein und sah ihnen nach, und es war ihr, als ob sie weinen müßte, aber Seejungfern haben keine Tränen und leiden darum viel schwerer.

"Ach, wäre ich doch fünfzehn Jahre!" sagte sie, "ich weiß, daß ich die Welt da oben und die Menschen, die dort bauen und wohnen, recht in mein Herz schließen werde!"

Endlich war sie fünfzehn Jahre alt.

"Sieh, nun bist du erwachsen," sagte ihre Großmutter die alte Königin-Witwe. "Komm nun und lasse dich von mir schmücken wie deine anderen Schwestern!" Und sie setzte ihr einen Kranz von weißen Lilien ins Haar, aber jedes Blumenblatt war eine halbe Perle: und dann ließ die Alte acht große Austern sich im Schwanze der Prinzessin festklemmen, um ihren hohen Stand zu zeigen.

"Das tut so weh!" sagte die kleine Seejungfer.

"Ja, Adel hat seinen Zwang!" sagte die Alte.

Ach, sie würde so gerne die ganze Pracht abgeschüttelt und den schweren Kranz weggelegt haben, ihre roten Blumen im Garten kleideten sie viel besser, aber das nutzte nun nichts mehr.

"Farewell!" she said, and rose through the water as light and bright as a bubble.

The sun had just set as she lifted her head above the sea, but all the clouds still gleamed like roses and gold, and in the middle of the pale-red sky the evening star shone bright and beautiful. The air was mild and fresh, and the sea calm.

A large ship with three masts was lying close to her, with only one sail set. Not a breath of wind stirred, and the sailors were lying idly about among the rigging and across the yards. There was music and song aboard, and as the evening became darker hundreds of gaily colored lanterns were lighted. It looked as if the flags of all nations were waving in the air. The little mermaid swam right up to the cabin window, and every time the waves lifted her up she could look in through the polished panes and see many finely dressed people standing in the cabin. But the handsomest of all was the young prince with the large black eyes. He could not be more than sixteen years old. It was his birthday which was being celebrated with all these festivities.

The sailors were dancing on deck, and when the young prince stepped out a hundred rockets shot up into the air, making everything look as bright as by daylight, so that the little mermaid became quite frightened and dived under the water. But she soon put her head above the water again, and it then seemed to her as if all the stars of heaven were falling down upon her. Such showers of fire she had never seen before. Large suns whizzed round and round, and gorgeous fiery fishes flew about in the blue air, while everything was reflected in the calm, smooth sea. The ship was so brilliantly lighted up that even the smallest ropes could be seen distinctly, and the people on board still more so. How handsome the young prince was! He pressed the hands of the men and laughed and smiled, while the music rang out in the beautiful night.

It was late, but the little mermaid could not turn her eyes away from the ship and the handsome prince. The brightly colored lanterns were being extinguished, the rockets did not rise any more into the air, nor were any more cannons fired; but below in the sea a rumbling and buzzing sound was heard. The little mermaid sat rocking up and down on the waves so that she could look into the cabin. But the ship was beginning to make greater headway; one sail after another was unfurled, and the billows now rose higher and higher; large clouds were gathering, and far away flashes of lightning were seen. Oh, what terrible weather was coming on!

The sailors had now to take in the sails; the big ship rushed at full speed through the wild seas; the waves rose like big black rocks, as if they would throw over the masts; but the ship dived just like a swan between them, only to be lifted up again on the top of the towering billows.

"Lebewohl," sagte sie und stieg leicht und klar, gleich einer Blase, im Wasser empor. Die Sonne war gerade untergegangen, als sie ihr Haupt aus dem Wasser erhob, aber alle Wolken leuchteten noch wie Rosen und Gold, und mitten in der zartroten Luft strahlte der Abendstern so licht und klar. Die Luft war mild und frisch und das Meer windstill. Da lag ein großes Schiff mit drei Masten. Nur ein einziges Segel war aufgezogen, denn nicht ein Lüftchen rührte sich und rings im Tauwerk und auf den Stangen saßen Matrosen. Da war Musik und Gesang, und als es abends dunkelte, wurden hunderte von bunten Lichtern angezündet; und es sah aus, als ob die Flaggen aller Nationen in der Luft wehten. Die kleine Seejungfer schwamm bis dicht an das Kajütenfenster, und jedesmal, wenn das Wasser sie emporhob, konnte sie durch die spiegelklaren Scheiben sehen, wie viele geputzte Menschen drinnen standen, aber der schönste war doch der junge Prinz mit den großen schwarzen Augen. Er war gewiß nicht viel über sechzehn Jahre; es war sein Geburtstag, und darum herrschte all die Pracht. Die Matrosen tanzten auf dem Deck, und als der junge Prinz heraustrat, stiegen über hundert Raketen in die Luft empor, die leuchteten wie der klare Tag, so daß die kleine Seejungfer ganz erschreckt ins Wasser niedertauchte, aber sie steckte den Kopf bald wieder hervor und da war es, als ob alle Sterne des Himmels auf sie herniederfielen. Niemals hatte sie solche Feuerkünste gesehen. Große Sonnen drehten sich sprühend herum, Feuerfische schwangen sich in die blaue Luft, und alles spiegelte sich in der klaren, stillen See. Auf dem Schiffe selbst war es so hell, daß man jedes kleine Tau sehen konnte, wieviel genauer noch die Menschen. Ach, wie schön war doch der junge Prinz, und er drückte den Leuten die Hand und lächelte, während die Musik in die herrliche Nacht hinausklang.

Es wurde spät, aber die kleine Seejungfer konnte die Augen nicht von dem Schiffe und von dem schönen Prinzen wegwenden. Die bunten Lichter wurden gelöscht, Raketen stiegen nicht mehr empor, und auch keine Kanonenschüsse ertönten mehr, aber tief unten im Meere summte und brummte es. Sie saß inzwischen und ließ sich vom Wasser auf und nieder schaukeln, so daß sie in die Kajüte hineinsehen konnte; aber jetzt bekam das Schiff stärkere Fahrt, ein Segel nach dem anderen breitete sich aus, die Wogen gingen höher, große Wolken zogen herauf, es blitzte in der Ferne. Ein schreckliches Unwetter war im Anzuge, deshalb nahmen die Matrosen die Segel ein. Das große Schiff schaukelte in fliegender Fahrt auf der wilden See. Die Wogen stiegen auf wie große, schwarze Berge, die sich über die Masten wälzen wollten, aber das Schiff tauchte wie ein Schwan zwischen den hohen Wogen nieder und ließ sich wieder emportragen auf die aufgetürmten Wasser.

The little mermaid thought this was tine sport, but the sailors were of a different opinion. The ship creaked and groaned, the massive planks gave way to the violent shocks of the seas against the ship, the masts snapped in two just like reeds, and the ship rolled to and fro, while the seas penetrated into the hold. The little mermaid now understood that the ship was in danger, and she herself had to beware of the beams and fragments of the ship that were drifting about in the water.

At one moment it was so pitch-dark that she could not see a single object; but the next, when it lightened, she could see so clearly again that she recognized all the people on the ship. All were looking out for themselves as best they could. She looked anxiously for the young prince, and she saw him just as the ship was going down, sinking into the deep sea. She was at first greatly pleased, for now he would come down to her; but then she remembered that human beings cannot live in the water, and that it would only be his dead body that could come down to her father's palace. No, he must not die; and she therefore swam about among the beams and planks that were drifting about in the water, quite forgetting that they might have crushed her to death. She dived down deep under the water, and rose again high up among the waves.

* * *

Der kleinen Seejungfer schien es eine recht lustige Fahrt zu sein, aber den Seeleuten erschien es ganz und gar nicht so. Das Schiff knackte und krachte, die dicken Planken bogen sich bei den starken Stößen, mit denen sich die See gegen das Schiff warf, der Mast brach mitten durch, als ob er ein Rohr wäre, und das Schiff schlingerte auf die Seite, während das Wasser in den Raum drang. Nun sah die kleine Seejungfer, daß sie in Gefahr waren. Sie mußte sich selbst in acht nehmen, vor den Balken und Schiffstrümmern, die auf dem Wasser trieben. Einen Augenblick war es so kohlschwarze Finsternis, daß sie nicht das mindeste gewahren konnte, aber wenn es dann blitzte, wurde es wieder so hell, daß sie alle auf dem Schiffe erkennen konnte; jeder tummelte sich, so gut er konnte. Besonders suchte sie nach dem jungen Prinzen, und sie sah ihn, als das Schiff verschwand, in das tiefe Meer versinken. Zuerst war sie sehr froh darüber, denn nun kam er ja zu ihr herunter, aber dann erinnerte sie sich, daß Menschen nicht unter dem Wasser leben können, daß er also nur als Toter hinunter zu ihres Vaters Schloß gelangen konnte. Nein, sterben durfte er nicht; deshalb schwamm sie hin zwischen die Balken und Planken, die auf dem Meere trieben, und vergaß ganz daß sie von ihnen hätte zermalmt werden können. Sie tauchte tief unter das Wasser.

She came at last to the young prince, who could hardly swim any longer in the stormy sea. His arms and legs began to fail him, his beautiful eyes closed, and he would have met his death had not the little mermaid come to his assistance. She kept his head above water, and let the waves drift with her and the prince whither they liked.

In the early morning the bad weather was over, and not a splinter was to be seen of the ship. The sun rose red and shining out of the water, and it seemed to bring back life to the prince's cheeks; but his eyes remained closed. The mermaid kissed his high, fair forehead, and stroked back his wet hair. She thought he was like the marble statue down in her garden. She kissed him and wished that he might live.

She now saw in front of her the mainland, with lofty blue mountains,, on the top of which the white snow looked as bright as if large flocks of swans had settled there. Down by the shore were beautiful green forests, in front of which lay a church or a convent, she did not know which, only that it was a building.

* * *

Stieg wieder empor zwischen den Wogen und gelangte so zuletzt zu dem jungen Prinzen hin, der kaum mehr in der stürmischen See schwimmen konnte, seine Arme und Beine begannen zu ermatten, die schönen Augen schlossen sich, und er wäre gestorben, wenn nicht die kleine Seejungfer dazu gekommen wäre. Sie hielt seinen Kopf über Wasser und ließ sich so von den Wogen mit ihm treiben, wohin sie wollten.

Am Morgen war das Unwetter vorüber, vom Schiffe war nicht ein Span mehr zu sehen, die Sonne stieg rot empor und glänzte über dem Wasser, und es war gerade, als ob des Prinzen Wangen Leben dadurch erhielten, aber die Augen blieben geschlossen. Die Seejungfer küßte seine hohe, schöne Stirn und strich sein nasses Haar zurück, sie dachte, daß er dem Marmorbilde unten in ihrem kleinen Garten gliche, und sie küßte ihn wieder und wünschte, daß er doch leben möchte.

Nun sah sie vor sich das feste Land, hohe blaue Berge, auf deren Gipfel der weiße Schnee schimmerte, als ob Schwäne dort oben lägen. Unten an der Küste waren herrliche grüne Wälder, und vorn lag eine Kirche oder ein Kloster, das wußte sie nicht recht, aber ein Gebäude war es.

Lemon- and orange-trees grew in the garden, and before the gate stood lofty palm-trees. The sea formed here a little bay, where the water was quite smooth and calm, but of great depth right up to the rocky shore where the fine white sand had been washed up.

Thither the little mermaid swam with the handsome prince, and placed him on the sand, taking great care that his head should lie raised in the sunshine.

The bells in the large white building now began ringing, and a number of young girls came out into the garden. The little mermaid then swam some distance farther out to a place behind some high rocks which rose out of the water, and covered her head and her shoulders with sea foam, so that no one could see her little face; and from here she watched to see who would discover the poor prince.

She had not long to wait before a young girl came to the place. She seemed quite frightened, but only for a moment; then she fetched some people, and the mermaid saw how the prince came back to life, and that he smiled to all around him; but he did not send a smile in her direction, for how could he know that she had saved him? She became very sad, and when he was brought into the great building she dived under the water and returned to her father's palace, greatly distressed in mind.

She had always been quiet and thoughtful, but now she became more so than ever. Her sisters asked her what she had seen on her first visit up above, but she would not tell them anything.

Many an evening and morning she visited the place where she had left the prince. She saw how the fruits in the garden ripened and were plucked, she saw how the snow melted on the lofty mountains; but the prince she did not see, and therefore she always returned home still more sorrowful than before. Her only comfort was to sit in her little garden and throw her arms round the beautiful marble statue which resembled the prince. She neglected her flowers, which soon grew, as if in a wilderness, over the paths, and twined their long stalks and leaves around the branches of the trees till the place became quite dark.

At last she could endure it no longer, and told her story to one of her sisters, and then all the other sisters got to know it; but no one else knew anything except themselves and a couple of other mermaids, who did not speak about it to anyone except to their nearest and dearest friends. One of these knew who the prince was. She had also seen the festivities on board the ship, and knew where he came from, and where his kingdom lay.

"Come along with us, little sister," said the other princesses, and with their arms around each other's shoulders they ascended to the surface in front of the place where the prince's palace lay.

Zitronen- und Apfelsinenbäume wuchsen dort im Garten, und vor den Toren standen große Palmenbäume. Die See bildete hier eine kleine Bucht, da war es ganz still, aber sehr tief. Bis dicht zu den Klippen, wo der feine, weiße Sand angespült lag, schwamm sie mit dem schönen Prinzen, legte ihn in den Sand, und sorgte besonders dafür, daß der Kopf hoch im warmen Sonnenschein lag.

Nun läuteten die Glocken in dem großen weißen Gebäude, und es kamen viele junge Mädchen durch den Garten. Da schwamm die kleine Seejungfer etwas weiter hinaus hinter ein paar große Felsen, die aus dem Meere aufragten, bedeckte ihre Brust und ihr Haar mit Meerschaum, so daß niemand ihr kleines Antlitz sehen konnte, und dann paßte sie auf, wer zu dem armen Prinzen kommen würde.

Es dauerte nicht lange, bis ein junges Mädchen dahin kam. Sie schien sehr erschrocken, aber nur einen Augenblick, dann holte sie mehrere Leute herbei, und die Seejungfer sah, daß der Prinz wieder zu sich kam und alle anlächelte, aber hinaus zu ihr lächelte er nicht, er wußte ja auch nicht, daß sie ihn gerettet hatte; sie wurde sehr traurig, und als er in das große Gebäude geführt wurde, tauchte sie betrübt ins Wasser hinab und kehrte heim zu ihres Vaters Schloß.

Immer war sie still und gedankenvoll gewesen, aber nun wurde sie es noch weit mehr. Die Schwestern fragten sie, was sie das erste Mal dort oben gesehen habe, aber sie erzählte nichts.

Manchen Abend und Morgen stieg sie auf zu der Stelle, wo sie den Prinzen verlassen hatte. Sie sah des Gartens Früchte reifen und gepflückt werden, sie sah den Schnee auf den hohen Bergen schmelzen, aber den Prinzen sah sie nicht, und deshalb kehrte sie immer betrübter heim. Es war ihr einziger Trost, in dem kleinen Garten zu sitzen und ihre Arme um das schöne Marmorbild, das dem Prinzen glich, zu schlingen, aber ihre Blumen pflegte sie nicht, sie wuchsen wie in einer Wildnis über die Gänge hinaus und flochten ihre langen Stiele und Blätter in die Zweige der Bäume, so daß es dort ganz dunkel war.

Zuletzt konnte sie es nicht länger aushalten und sagte es einer von ihren Schwestern, und so bekamen es schnell all die anderen zu wissen, aber nicht mehr als sie und noch ein paar Seejungfern, die es niemand weitersagten, als ihren allernächsten Freundinnen. Eine von diesen wußte, wer der Prinz war, sie hatte auch das Fest auf dem Schiffe gesehen und wußte, woher er war und wo sein Königreich lag.

"Komm, Schwesterchen" sagten die anderen Prinzessinnen, und Arm in Arm stiegen sie in einer langen Reihe aus dem Meere empor, dorthin, wo sie des Prinzen Schloß wußten.

It was built of a kind of light-yellow shining stone, with large flights of marble stairs, one of which went right down to the sea. Magnificent gilt cupolas rose above the roof, and between the columns which surrounded the whole building stood marble statues which looked as if they were alive.

Through the clear glass in the lofty windows one could see into the most magnificent halls, with costly silk curtains and tapestries. On the walls hung large paintings, which it was a pleasure to look at. In the middle of the largest hall a big fountain was playing, its jets reaching right up into the glass cupola of the ceiling, through which the sun shone on the water, and on the beautiful plants which grew in the large basin.

Now she knew where he lived, and many an evening and night did she come there. She swam much nearer the shore than any of the others had dared to do; she even went right up the narrow canal under the splendid marble balcony which threw a long shadow out over the water. Here she would sit and look at the young prince, who believed he was all alone in the bright moonlight.

* * *

Dies war aus einer hellgelb glänzenden Steinart aufgeführt, mit großen Marmortreppen, von denen eine gerade bis zum Meere hinunter führte. Prächtige vergoldete Kuppeln erhoben sich über dem Dache, und zwischen den Säulen, die das ganze Gebäude umkleideten, standen Marmorbilder, die sahen aus, als ob sie Leben hätten. Durch das klare Glas in den hohen Fenstern konnte man in die prächtigsten Gemächer hineinsehen, wo kostbare Seidengardinen und Teppiche hingen und die Wände mit großen Gemälden geschmückt waren, so daß es ein wahres Vergnügen war, alles anzusehen. Mitten in dem größten Saal plätscherte ein großer Springbrunnen, seine Strahlen sprangen hoch auf gegen die Glaskuppel in der Decke, wo hindurch die Sonne auf das Wasser und die herrlichen Pflanzen schien, die in dem großen Marmorbecken wuchsen.

Nun wußte sie, wo er wohnte, und so brachte sie manchen Abend und manche Nacht dort auf dem Wasser zu. Sie schwamm dem Lande weit näher, als es eine der anderen je gewagt hatte, ja sie drang bis weit in den schmalen Kanal unter dem prächtigen Marmoraltan ein, der einen langen Schatten über das Wasser warf. Hier saß sie und sah auf den jungen Prinzen, der sich ganz allein in dem klaren Mondschein glaubte.

Many an evening she saw him sailing in his magnificent boat, with music and waving flags on board, while she peeped out from among the green rushes; and if the wind caught hold of her long silver-white veil, anyone who saw it thought it was a swan which was spreading out its wings.

Many a night she heard the many good things the fishermen said about the young prince, and she rejoiced to think she had saved his life; but he knew nothing at all about this, and could not even dream of her.

More and more she came to love human beings; more and more she wished to be able to be among them. Their world, she thought, was far larger than hers. They could fly across the seas in their ships, and they could climb the lofty mountains, high above the clouds; and the countries they possessed, with forests and fields, stretched farther than her eyes could reach. There was so much she wanted to know, but her sisters could not answer everything; so she asked the old grandmother, who knew the upper world well, as she rightly called the countries above the sea.

"If human beings are not drowned," asked the little mermaid, "can they go on living forever? Do they not die as we die down here in the sea?"

"Yes," said the old lady, "they must also die, and their term of life is even shorter than ours. We can live to be three hundred years old; but when we then cease to exist we only become foam on the water, and have not even a grave down here among our dear ones. We have not an immortal soul; we shall never live again. We are like the green rushes: when once cut down we can never live again. Human beings, however, have a soul which lives forever—which lives after the body has become dust: it rises up through the clear air, up to all the shining stars. Just as we rise up out of the sea and see the countries of the world, so do they ascend to unknown beautiful places which we shall never see."

"Why did we not receive an immortal soul?" asked the little mermaid in a sad tone. "I would give all the hundreds of years I have to live to be a human being only for a day, and afterward share the joys of the upper world!"

"You must not go on thinking of that," said the old lady; "we are much happier and better off than the human beings up there."

"So I must die and float as foam upon the sea! I shall not hear the music of the billows, or see the beautiful flowers and the red sun! Can I, then, do nothing at all to win an immortal soul?"

An manchem Abend sah sie ihn mit Musik und wehenden Flaggen in seinem prächtigen Boot davonsegeln. Sie lugte zwischen dem grünen Schilfe hervor, und wenn der Wind mit ihrem langen silberweißen Schleier spielte und jemand das sah, dachte er, es sei ein Schwan, der seine Flügel höbe.

Sie hörte in mancher Nacht, wenn die Fischer mit Fackeln auf dem Meer lagen, daß viel Gutes von dem jungen Prinzen berichtet wurde, und da freute sie sich, daß sie ihn gerettet hatte, als er halbtot auf den Wogen trieb, und sie dachte daran, wie fest sein Haupt an ihrer Brust geruht hatte, und wie innig sie ihn da geküßt hatte. Aber er wußte nichts davon und konnte nicht einmal von ihr träumen.

Mehr und mehr kam sie dazu, die Menschen zu lieben, und mehr und mehr wünschte sie, zu ihnen hinaufsteigen zu können, denn die Menschenwelt erschien ihr weit größer als die ihre. Sie konnten zu Schiff über die Meere fliegen, auf die hohen Berge weit über den Wolken steigen, und ihre Länder erstreckten sich mit Wäldern und Feldern weiter, als sie blicken konnte. Da war so vieles, was sie gern wissen wollte, aber die Schwestern konnten ihr auf viele Fragen keine Antwort geben, deshalb fragte sie die alte Großmutter, denn diese kannte die höhere Welt, wie sie sehr richtig die Länder oberhalb des Meeres nannte, recht gut.

"Wenn die Menschen nicht ertrinken," fragte die kleine Seejungfer, "können sie dann ewig leben? Sterben sie nicht, wie wir hier unten im Meere?"

"Ja," sagte die Alte, "sie müssen auch sterben, und ihre Lebenszeit ist sogar noch kürzer als die unsere. Wir können dreihundert Jahre alt werden, aber wenn wir dann aufgehört haben, zu sein, so werden wir in Schaum auf dem Wasser verwandelt und haben nicht einmal ein Grab hier unten zwischen unseren Lieben. Wir haben keine unsterbliche Seele; wir erhalten nie wieder Leben. Wir sind gleich dem grünen Schilfe, ist es einmal abgeschnitten, so kann es nie wieder grünen. Die Menschen dagegen haben eine Seele, die ewig lebt, die lebt, auch wenn der Körper zu Erde zerfallen ist. Sie steigt auf in der klaren Luft und zu all den schimmernden Sternen empor! Gerade wie wir aus dem Meere auftauchen und die Länder der Menschen sehen, so tauchen sie zu unbekannten, herrlichen Orten empor, die wir niemals erblicken werden."

"Warum bekamen wir keine unsterbliche Seele?" sagte die kleine Seejungfer betrübt, "ich wollte alle meine hundert Jahre, die ich zu leben habe, dafür hingeben, einen Tag ein Mensch zu sein und Teil zu haben an der himmlischen Welt!"

"So etwas mußt du nicht denken!" sagte die Alte, "wir sind viel glücklicher und besser daran, als die Menschen dort oben!"

"Ich muß also sterben und als Schaum auf dem Meere treiben, und darf nicht mehr der Wellen Musik hören, die herrlichen Blumen und die rote Sonne sehen. Kann ich denn gar nichts tun, um eine unsterbliche Seele zu gewinnen?"

"No," said the old queen-dowager. "Only if a man came to love you so much that you were more to him than his father or mother, if he clung to you with all his heart and all his love, and let the parson put his right hand into yours with a promise to be faithful to you here and for all eternity, then his soul would flow into your body, and you would also partake of the happiness of mankind. He would give you his soul and still retain his own. But that can never happen. What we here in the sea consider most beautiful, our fish's tail, they would consider ugly upon earth. Poor people! They do not understand any better. Up there you must have two clumsy supports which they call legs to be considered beautiful."

Then the little mermaid sighed, and looked sadly at her fish's tail.

"Let us be satisfied with our lot," said the old lady; "we will frisk and leap about during the three hundred years we have to live in. That is surely long enough. After that one can rest all the more contentedly in one's grave. This evening we are going to have a court ball."

No such display of splendor has ever been witnessed on earth. The walls and ceiling in the large ball-room were of thick but transparent glass. Several hundreds of colossal mussel-shells, pink and grass-green, were placed in rows on each side, with blue fires, which lighted up the whole hall and shone through the walls, so that the sea outside was quite lit up. One could see all the innumerable fishes, great and small, swimming up to the glass walls. On some the scales shone in purple, and on others they appeared to be silver and gold.

Through the middle of the hall flowed a broad stream, in which the mermen and mermaids danced to their own song. Such beautiful voices the inhabitants of the earth never possessed. The little mermaid sang the most beautifully of all, and they clapped their hands to her, and for a moment she felt joyful at heart, for she knew that she had the loveliest voice of any to be found on earth or in the sea. But soon she began again to think of the world above. She could not forget the handsome prince, and her sorrow at not possessing an immortal soul like his. She therefore stole out of her father's palace, and while everybody was merry and singing she sat sad at heart in her little garden. Suddenly she heard the sound of a bugle through the water, and she thought to herself, "Now he is out sailing—he whom I love more than father and mother, he to whom my thoughts cling, and in whose hands I would place the happiness of my life. I will risk everything to win him and an immortal soul. While my sisters are dancing in my father's palace I will go to the sea witch, of whom I have always been so frightened. She may advise and help me."

The little mermaid then went out of her garden toward the roaring whirlpools behind which the witch lived. She had never been that way before. Neither flowers nor seaweed grew there.

"Nein," sagte die Alte. "Nur wenn ein Mensch dich so lieb gewinnt, daß du für ihn mehr wirst, als Vater und Mutter, wenn er mit allen seinen Gedanken und seiner Liebe an dir hinge und den Priester deine rechte Hand in seine legen ließe mit dem Gelübde der Treue hier und für alle Ewigkeit, dann würde seine Seele in deinen Körper überfließen und du bekämest auch Teil an dem Glücke der Menschen. Er gäbe dir eine Seele und behielte doch die eigene. Aber das kann niemals geschehen! Was hier im Meere gerade als schön gilt, dein Fischschwanz, das finden sie häßlich oben auf der Erde, sie verstehen es eben nicht besser. Man muß dort zwei plumpe Säulen haben, die sie Beine nennen, um schön zu sein!"

Da seufzte die kleine Seejungfer und sah betrübt auf ihren Fischschwanz.

"Laß uns fröhlich sein," sagte die Alte, "hüpfen und springen wollen wir in den dreihundert Jahren, die wir zu leben haben, das ist eine ganz schöne Zeit. Später kann man sich um so sorgenloser in seinem Grabe ausruhen. Heute abend haben wir Hofball!"

Das war eine Pracht, wie man sie auf der Erde nie sehen konnte. Wände und Decke in dem großen Tanzsaal waren aus dickem, aber klarem Glase. Mehrere hundert riesige Muschelschalen, rosenrote und grasgrüne, standen in Reihen an jeder Seite mit einem blau brennenden Feuer, das den ganzen Saal erleuchtete und durch die Wände hinausschien, so daß die See draußen ebenfalls hell erleuchtet war. Man konnte all die unzähligen Fische sehen, große und kleine, die gegen die Glasmauern schwammen. Bei einigen schimmerten die Schuppen purpurrot, bei anderen wie Silber und Gold. Mitten im Saale floß ein breiter Strom, und auf diesem tanzten die Meermänner und Meerweiblein zu ihrem eigenen herrlichen Gesang. So süßklingende Stimmen gibt es bei den Menschen auf der Erde nicht. Die kleine Seejungfer sang am schönsten von allen, und alle klatschten ihr zu, und einen Augenblick lang fühlte sie Freude im Herzen, denn sie wußte, daß sie die schönste Stimme von allen im Wasser und auf der Erde hatte! Aber bald dachte sie doch wieder an die Welt über sich; sie konnte den schönen Prinzen nicht vergessen und auch nicht ihren Kummer darüber, daß sie nicht, wie er, eine unsterbliche Seele besaß.

Deshalb schlich sie sich aus ihres Vaters Schloß, und während alle drinnen sich bei Gesang und Fröhlichkeit vergnügten, saß sie betrübt in ihrem kleinen Garten. Da hörte sie das Waldhorn durch das Wasser hinunter erklingen, und sie dachte: "Nun fährt er gewiß dort oben, er, den ich lieber habe, als Vater und Mutter, er, an dem meine Gedanken hängen und in dessen Hand ich meines Lebens Glück legen möchte. Alles will ich wagen um ihn und um eine unsterbliche Seele zu gewinnen! Während meine Schwestern dort drinnen in meines Vaters Schloß tanzen, will ich zur Meerhexe gehen, vor der ich mich immer so gefürchtet habe. Aber sie kann vielleicht raten und helfen!"

Nun ging die kleine Seejungfer aus ihrem Garten hinaus zu dem brausenden Malstrom, hinter dem die Hexe wohnte. Diesen Weg war sie nie zuvor gegangen, da wuchsen keine Blumen, kein Seegras.

Only the bare, gray sandy bottom could be seen stretching away to the whirlpools where the water whirled round like roaring mill-wheels, tearing everything they got hold of down with them into the abyss below. She had to make her way through these roaring whirlpools to get into the sea witch's district, and for a long distance there was no other way than over hot, bubbling mud, which the witch called her turf-moor. Behind it lay her house, in the middle of a weird forest. All trees and bushes were polyps, half animal, half plant. They looked like hundred-headed snakes growing out of the ground. All the branches were long slimy arms with fingers like wiry worms, and they moved, joint by joint, from the root to the outermost point. They twisted themselves firmly around everything they could seize hold of in the sea, and never released their grip.

The little mermaid stood quite frightened before all this, her heart beat with fear, and she was nearly turning back, but then she thought of the prince and man's immortal soul, and this gave her courage. She twisted her long, flowing hair tightly round her head, so that the polyps should not seize her by it, crossed both her hands on her breast, and then darted forward as rapidly as fish can shoot through the water, in between the polyps, which stretched out their wiry arms and fingers after her. She noticed how they all held something which they had seized—held with a hundred little arms as if with iron bands.

* * *

Nur der nackte graue Sandboden streckte sich gegen den Malstrom, wo das Wasser wie brausende Mühlenräder im Kreise wirbelte und alles, was es erfaßte, mit sich in die Tiefe riß. Mitten zwischen diesen zermalmenden Wirbeln mußte sie dahingehen, um in das Reich der Meerhexe zu gelangen. Dann gab es eine ganze Strecke keinen anderen Weg, als über heißsprudelnden Schlamm, den die Hexe ihr Torfmoor nannte. Dahinter lag ihr Haus mitten in einem seltsamen Walde. Alle Bäume und Büsche waren Polypen, halb Tier, halb Pflanze, sie sahen aus, wie hundertköpfige Schlangen, die aus der Erde wuchsen; alle Zweige waren lange schleimige Arme mit Fingern wie geschmeidige Würmer, und Glied für Glied bewegten sie sich von der Wurzel bis zur äußersten Spitze. Alles was in ihre Greifnähe kam im Meer, umschnürten sie fest und ließen es nicht wieder los. Die kleine Seejungfer blieb ganz erschrocken draußen stehen, ihr Herz klopfte vor Angst, fast wäre sie wieder umgekehrt, aber da dachte sie an den Prinzen und an die Menschenseele, und das machte ihr Mut. Ihr langes, wehendes Haar band sie fest um den Kopf, so daß die Polypen sie nicht daran ergreifen könnten, beide Hände legte sie über der Brust zusammen und schoß von dannen, schnell wie nur ein Fisch durchs Wasser schießen kann, mitten hinein zwischen die häßlichen Polypen, die ihre geschmeidigen Arme und Finger nach ihr ausstreckten. Sie sah, wie jeder von ihnen etwas, was er aufgegriffen hatte mit hundert kleinen Armen festhielt wie mit starken Eisenbanden.

The white skeletons of people who had perished at sea and sunk to the bottom could be seen firmly fixed in the arms of the polyps, together with ships' rudders and sea chests, skeletons of land animals, and a little mermaid whom they had caught and strangled. This was the most terrible sight of all to her.

She now came to a large slimy place in the forest, where great fat water snakes were rolling about, showing their ugly whitish-yellow bellies. In the middle of the open space stood a house built of the white bones of the people who had been wrecked. There the sea witch was sitting, while a toad was eating out of her mouth, just as a human being lets a little canary bird eat sugar from his mouth. The ugly, fat water snakes she called her little chickens, and allowed them to crawl all over her bosom.

"I know what you want," said the witch; "it is very stupid of you. But you shall have your way, for it is sure to bring you unhappiness, my pretty princess. You want to get rid of your fish's tail and to have two stumps instead to walk upon, like human beings, so that the young prince may fall in love with you, and that you may get him and an immortal soul."

* * *

Menschen, die in der See umgekommen waren und tief heruntergesunken waren, sahen als weiße Gerippe aus dem Armen der Polypen hervor. Steuerruder und Kisten hielten sie fest, Skelette von Landtieren und eine kleine Meerjungfer, die sie gefangen und erstickt hatten, – das erschien ihr fast als das Schrecklichtse.

Nun gelangte sie an einen großen, mit Schleim bedeckten Platz im Walde, wo große, fette Wasserschlangen sich wälzten und ihre häßlichen, weißgelben Bäuche zeigten. Mitten auf dem Platze war ein Haus errichtet aus ertrunkener Menschen weißen Gebeinen. Da saß die Meerhexe und ließ eine Kröte von ihrem Munde essen, gerade wie Menschen einen kleinen Kanarienvogel Zucker picken lassen. Die häßlichen, fetten Wasserschlangen nannte sie ihre kleinen Küchlein und ließ sie sich auf ihrer großen, schwammigen Brust wälzen.

"Ich weiß schon, was du willst!" sagte die Meerhexe, "das ist zwar dumm von dir, aber du sollst trotzdem deinen Willen haben, denn er wird dich ins Unglück stürzen, meine schöne Prinzessin. Du willst gern deinen Fischschwanz los sein und dafür zwei Stümpfe haben, um darauf zu gehen, ebenso wie die Menschen, damit der junge Prinz sich in dich verlieben soll und du ihn und eine unsterbliche Seele bekommen kannst!"

And then the witch laughed so loudly and horribly that the toad and the snakes fell down to the ground, where they rolled about.

"You come only just in time," said the witch, "for after sunrise tomorrow I should not be able to help you till another year had passed. I will make a drink for you, with which you must proceed to land before the sun rises, and then sit down on the shore and drink it, when your tail will be parted in two and shrink to what human beings call pretty legs; but it will cause you great pain—you will feel as if a sharp sword went through you. Every one who sees you will say you are the most beautiful human child they have seen. You will keep your graceful walk, no dancer will be able to float about like you; but at every step you take you will feel as if you stepped on a sharp knife, and as if your blood must flow. If you will suffer all this, I will help you."

"Yes," said the little mermaid, in a trembling voice, thinking only of the prince and of winning an immortal soul.

"But remember," said the witch, "when once you have assumed the human form, you can never become a mermaid again."

* * *

Gleichzeitig lachte die Hexe so laut und scheußlich, daß die Kröte und die Schlangen zur Erde fielen und sich dort wälzten.

"Du kommst gerade zur rechten Zeit" sagte die Hexe, "morgen, wenn die Sonne aufgeht, könnte ich dir nicht mehr helfen, bevor wieder ein Jahr um wäre. Ich will dir einen Trunk bereiten, mit dem sollst du, bevor die Sonne aufgeht, ans Land schwimmen, dich ans Ufer setzen und ihn trinken, dann verschwindet dein Schwanz und schrumpft zusammen zu dem, was die Menschen hübsche Beine nennen, aber es tut weh, es wird sein als ob ein scharfes Schwert durch dich hindurch ginge. Alle, die dich sehen, werden sagen, du seiest das liebreizendste Menschenkind, das sie je gesehen hätten! Du behältst deinen schwebenden Gang, keine Tänzerin wird schweben können, wie du, aber jeder Schritt, den du tust, wird sein, als ob du auf scharfe Messer trätest, so daß dein Blut fließen muß. Willst du alles dies erleiden, so werde ich dir helfen!"

"Ja!" sagte die kleine Seejungfer mit bebender Stimme und dachte an den Prinzen und die unsterbliche Seele.

"Bedenke aber," sagte die Hexe, "hast du erst menschliche Gestalt bekommen, so kannst du nie wieder eine Seejungfer werden!"

"You will never be able to descend through the water to your sisters, or to your father's palace, and if you do not win the prince's love so that he forgets his father and mother for your sake and clings to you with all his heart, and lets the parson join your hands making you man and wife, then you will not receive an immortal soul. The first morning after he has married another your heart will break, and you will become foam on the water."

"I will do it," said the little mermaid, and turned as pale as death.

"But you will have to pay me as well," said the witch; "and it is not a trifle I ask. You have the loveliest voice of all down here at the bottom of the sea, and with that you think of course you will be able to enchant him, but that voice you must give to me. I will have the best thing you possess for my precious draught. I shall have to give you my own blood in it, so that the draught may become as sharp as a double-edged sword."

"But if you take away my voice," said the little mermaid, "what have I then left?"

"Your beautiful form," said the witch, "your graceful walk, and your expressive eyes. With these you can surely infatuate a human heart. Put out your little tongue and I will cut it off as my payment, and you shall then have the powerful draught."

"So be it," said the little mermaid; and the witch put the caldron on the fire to boil the magic draught.

"Cleanliness is a virtue!" she said, and took the snakes and tied them in a knot to scour out the caldron with. She then slashed her chest and let her black blood drop into the caldron. The steam formed itself into the most fantastic figures, so that one could not help being frightened and scared. Every moment the witch threw some new ingredients into the caldron, and when it began to boil it sounded like the weeping of a crocodile. At last the draught was ready, and it looked like the purest water.

"There it is," said the witch, and cut off the little mermaid's tongue. She was now dumb, and could neither sing nor speak.

"If the polyps should get hold of you when you pass through my forest," said the witch, "then throw just a single drop of this draught over them, and their arms and fingers will be rent in a thousand pieces."

But there was no need for the little mermaid to do so, for the polyps drew back from her in fear when they saw the sparkling draught which shone in her hand as if it were a glittering star. Thus she quickly got through the forest, the marsh, and the roaring whirlpools.

She could see her father's palace. The lights in the great ball-room were extinguished. All were now, no doubt, asleep; but she did not venture to go with them now that she was dumb and was going away from them forever. It seemed as if her heart would break with sorrow.

"Niemals wieder kannst du durch das Wasser zu deinen Schwestern niedersteigen und zu deines Vaters Schloß. Und wenn du die Liebe des Prinzen nicht eringst, so daß er um deinetwillen Vater und Mutter vergißt, mit allen seinen Gedanken nur an dir hängt und den Priester eure Hände ineinander legen läßt, so daß Ihr Mann und Frau werdet, so bekommst du keine unsterbliche Seele! Am ersten Morgen, nachdem er sich mit einer anderen vermählt hat, muß dein Herz brechen, und du wirst zu Schaum auf dem Wasser."

"Ich will es!" sagte die kleine Seejungfer und war bleich wie der Tod.

"Aber mich mußt du auch bezahlen!" sagte die Hexe, "und es ist nicht wenig, was ich verlange. Du hast die herrlichste Stimme von allen hier unten auf dem Meeresgrunde, damit willst du ihn bezaubern, hast du dir wohl gedacht, aber die Stimme mußt du mir geben. Das beste, was du besitzest, will ich für meinen kostbaren Trank haben! Ich muß ja mein eigenes Blut für dich darein mischen, damit der Trank scharf werde, wie ein zweischneidiges Schwert!"

"Aber wenn du mir meine Stimme nimmst," sagte die kleine Seejungfer, "was behalte ich dann übrig?"

"Deine schöne Gestalt," sagte die Hexe, "Deinen schwebenden Gang und deine sprechenden Augen, damit kannst du schon ein Menschenherz betören. Na, hast du den Mut schon verloren? Streck deine kleine Zunge hervor, dann schneide ich sie ab, zur Bezahlung, und du bekommst dafür den kräftigen Trank!"

"Es geschehe!" sagte die kleine Seejungfer, und die Hexe setzte ihren Kessel auf, um den Zaubertrank zu kochen. "Reinlichkeit ist ein gutes Ding!" sagte sie und scheuerte den Kessel mit Schlangen ab, die sie zu einem Knoten band. Nun ritzte sie sich selbst in die Brust und ließ ihr schwarzes Blut hineintropfen. Der Dampf nahm die seltsamsten Gestalten an, so daß einem angst und bange wurde. Jeden Augenblick tat die Hexe neue Sachen in den Kessel, und als es recht kochte, war es, als ob ein Krokodil weint. Zuletzt war der Trank fertig, er sah aus, wie das klarste Wasser.

"Da hast du ihn!" sagte die Hexe und schnitt der kleinen Seejungfer die Zunge ab. Nun war sie stumm und konnte weder singen noch sprechen.

"Sobald du von den Polypen ergriffen wirst, wenn du durch meinen Wald zurück gehst," sagte die Hexe, "so wirf nur einen einzigen Tropfen von diesem Trank auf sie, dann springen ihre Arme und Finger in tausend Stücke!" Aber das brauchte die kleine Seejungfer gar nicht. Die Polypen zogen sich erschreckt vor ihr zurück, als sie den leuchtenden Trank sahen, der in ihrer Hand glänzte, gerade als ob sie einen funkelnden Stern hielte. So kam sie bald durch den Wald, das Moor und den brausenden Malstrom.

Sie konnte ihres Vaters Schloß sehen; die Lichter in dem großen Tanzsaal waren gelöscht, sie schliefen gewiß alle darinnen, aber sie wagte doch nicht noch einmal hinzugehen, nun sie stumm geworden war und sie auf immer verlassen wollte. Es war, als ob ihr Herz vor Kummer zerspringen wollte.

The sun had not yet risen when she saw the prince's palace and arrived at the magnificent marble steps, but the moon was shining bright and clear. The little mermaid drank the strong and fiery draught; she felt as if a two-edged sword went through her delicate frame; she fell down in a swoon, and lay like one dead. When the sun began to shine across the waters she came to herself and felt a burning pain.

But right in front of her stood the handsome young prince. He looked at her so fixedly with his coal-black eyes that she cast down her own, and then discovered that her fish's tail had vanished, and that she had the prettiest little white feet that any young girl could possess. But she was quite unclothed, and she therefore wrapped herself in her long, luxuriant hair. The prince asked her who she was, and how she got there; and she looked at him so mildly and yet so sadly with her dark blue eyes, for speak she could not. He then took her by the hand and led her into the palace. As the witch had told her, each step she made was as if she was treading on the points of awls and sharp knives; but she bore it gladly. Holding the prince's hand, she walked as lightly as a soap-bubble, and he and all the people at court were surprised at her graceful walk.

* * *

Die Sonne war noch nicht aufgegangen, als sie des Prinzen Schloß erblickte und die prächtige Marmortreppe emporstieg. Der Mond schien wundersam klar. Die kleine Seejungfer trank den brennend scharfen Trank und es war ihr, als ob ein zweischneidiges Schwert durch ihre feinen Glieder ging. Sie wurde darüber ohnmächtig und lag wie tot da. Als die Sonne über die See schien, erwachte sie und fühlte einen schneidenden Schmerz, aber gerade vor ihr stand der schöne, junge Prinz. Er heftete seine kohlschwarzen Augen auf sie, so daß sie die ihren niederschlug, und nun sah sie, daß ihr Fischschwanz fort war und sie die niedlichsten kleinen, weißen Füßchen hatte, die nur ein Mädchen haben kann. Aber sie war ganz nackend, darum hüllte sie sich in ihr langes, dichtes Haar. Der Prinz fragte, wer sie wäre und wie sie hierhergekommen sei, und sie sah ihn mild aber doch so traurig mit ihren dunkelblauen Augen an; sprechen konnte sie ja nicht. Da nahm er sie bei der Hand und führte sie in das Schloß. Jeder Schritt, den sie tat, war, wie die Hexe es ihr vorausgesagt hatte, als ob sie auf spitzige Nadeln und scharfe Messer träte, aber das erduldete sie gerne; an des Prinzen Hand stieg sie so leicht wie eine Seifenblase empor, und er und alle Anderen verwunderten sich über ihren anmutig dahinschwebenden Gang.

Costly clothes of silk and muslin were now brought to her, in which she arrayed herself. She was the most beautiful of all in the palace, but she was dumb, and could neither sing nor speak. Lovely female slaves, dressed in silk and gold, appeared and sang before the prince and his royal parents. One of them sang more beautifully than all the others, and the prince clapped his hands and smiled at her. The little mermaid thought to herself: "Oh, if he could only know that I have given away my voice forever to be near him!"

The slaves now began dancing graceful aerial dances to the loveliest music. Then the little mermaid lifted up her lovely white arms, raised herself on the tips of her toes, and glided over the door, dancing as no one yet had danced. At each movement her beauty became more apparent, and her eyes spoke more deeply to the heart than the song of the slave girls. All were delighted with her, especially the prince, who called her his little foundling; and she went on dancing more and more, although each time her feet touched the ground she felt as if she were treading on sharp knives.

The prince had a male costume made for her, so that she could accompany him on horseback. They rode through the fragrant forests and climbed the lofty mountains; and although her tender feet bled so that the others could see it, she only laughed.

* * *

Mit köstlichen Kleidern aus Seide und Musselin wurde sie nun bekleidet. Sie war die Schönste im Schlosse, aber sie war stumm, konnte weder singen noch sprechen. Wunderschöne Sklavinnen, gekleidet in Seide und Gold, traten hervor und sangen vor dem Prinzen und seinen königlichen Eltern. Eine von ihnen sang schöner als die anderen, und der Prinz klatschte in die Hände und lächelte ihr zu. Da ward die kleine Seejungfer traurig, sie wußte, daß sie selbst weit schöner gesungen hatte! und sie dachte, "o, wüßte er nur, daß ich, um in seiner Nähe zu sein, meine Stimme für alle Ewigkeit hingegeben habe!"

Nun tanzten die Sklavinnen lieblich schwebende Tänze zu der herrlichsten Musik. Da hob die kleine Seejungfer ihre schönen, weißen Arme, erhob sich auf den Zehenspitzen und schwebte über den Boden hin, und sie tanzte, wie noch keine getanzt hatte. Bei jeder Bewegung offenbarte sich ihre Schönheit anmutiger, und ihre Augen sprachen tiefer zum Herzen, als der Gesang der Sklavinnen. Alle waren entzückt, besonders aber der Prinz, der sie sein kleines Findelkind nannte, und sie tanzte fort und fort, ob auch bei jedem Male, wenn ihr Fuß die Erde berührte, sie einen Schmerz fühlte, als ob sie auf scharfe Messer träte.

Er ließ ihr eine Knabentracht nähen, damit sie ihm auch zu Pferde folgen könne. Sie ritten durch die duftenden Wälder. Sie kletterte mit dem Prinzen die hohen Berge hinauf, und obgleich ihre feinen Füße bluteten, daß selbst die anderen es sahen, lachte sie dessen und folgte ihm.

At night, when all the others at the prince's palace slept, she went down to the broad marble steps, where it cooled her burning feet to stand in the cold sea-water, while she thought of all dear to her far down in the deep.

One night her sisters came arm in arm, singing most mournfully as they glided over the water. She beckoned to them, and they recognized her, and told her how sad she had made them all. After that they visited her every night; and one night she saw far away her old grandmother, who had not been to the surface for many years, and the sea king with his crown on his head. They stretched out their hands toward her, but did not venture so near land as her sisters.

Day by day the prince became fonder of her. He loved her as one loves a good, dear child, but he never thought of making her his queen. She would have to become his wife, otherwise she would not receive an immortal soul, and would be turned into froth on the sea on the morning of his wedding-day.

"Do you not love me most of them all?" the eyes of the little mermaid seemed to say when he took her in his arms and kissed her beautiful forehead.

* * *

Daheim auf des Prinzen Schloß, wenn nachts die anderen schliefen, ging sie die breite Marmortreppe hinab; es kühlte ihre brennenden Füße, im kalten Meereswasser zu stehen, und dann dachte sie derer unten in der Tiefe.

Eines Nachts kamen ihre Schwestern Arm in Arm, sie sangen so traurig, während sie über das Wasser dahinschwammen, und sie winkte ihnen zu, und sie erkannten sie und erzählten, wie traurig sie alle um sie seien. Sie besuchten sie von nun an jede Nacht. Und in einer Nacht sah sie weit draußen die alte Grobmutter die seit vielen Jahren nicht mehr über dem Wasser gewesen war, und den Meerkönig mit seiner Krone auf dem Haupte. Sie streckten die Arme nach ihr aus, aber wagten sich nicht so nahe ans Land, wie die Schwestern.

Tag für Tag wurde sie dem Prinzen lieber, er hatte sie lieb, wie man ein gutes und liebes Kind gern hat, aber sie zu seiner Königin zu machen, kam ihm nicht in den Sinn. Und sie mußte doch seine Frau werden, sonst erhielt sie keine unsterbliche Seele und mußte an seinem Hochzeitsmorgen zu Schaum vergehen.

"Hast du mich nicht am liebsten von allen?" schienen der kleinen Seejungfer Augen zu fragen, wenn er sie in seine Arme nahm und sie auf die schöne Stirn küßte.

"Yes, you are most dear to me," said the prince, "for you have the best heart of all of them. You are the most devoted to me, and you are like a young girl whom I once saw, but whom I fear I shall never find again. I was on board a ship which was wrecked, and the waves washed me ashore close to a holy temple, where several young maidens were in attendance. The youngest of them found me on the shore and saved my life. I saw her only twice. She was the only one I could love in the world; but you are like her, and you have almost driven her image out of my mind. She belongs to the holy temple, and therefore my good fortune has sent you to me. We shall never part."

"Alas! He does not know that I saved his life," thought the little mermaid. "I carried him across the sea to the forest where the temple stands. I sat behind the foam and watched for some one to come. I saw the beautiful maiden whom he loves more than me." And the mermaid sighed deeply, since she could not cry. "The maiden belongs to the holy temple, he told me. She will never come out into the world. They do not see each other any more. I am with him, and see him every day. I will cherish him, love him, and give my life for him."

But then she heard that the prince was to be married to the beautiful daughter of the neighboring king, and that was the reason he was fitting out such a splendid ship. The prince was going to visit the countries of the neighboring king, it was said; but it was to see the king's daughter, and he was going to have a great suite with him. But the little mermaid shook her head and smiled. She knew the prince's thoughts better than all the others.

"I must go," he had said to her. "I must see the beautiful princess. My parents demand it; but they will not compel me to bring her home as my bride. I cannot love her. She is not like the beautiful girl in the temple, whom you are so like. If, some day, I were to choose a bride, I would rather choose you, my dumb foundling with the eloquent eyes." And he kissed her rosy lips, played with her long hair, and laid his head on her heart, while she dreamed of human happiness and an immortal soul.

"You are not afraid of the sea, my dumb child," said he, as they stood on board the noble ship which was to carry him to the country of the neighboring king; and he told her about storms and calms, about strange fishes in the deep, and what the divers had seen there; and she smiled at his stories, for she knew, of course, more than anyone else about the wonders of the deep.

In the moonlight night, when all were asleep except the steersman who stood at the helm, she sat on the gunwale of the ship, looking down into the clear water. She thought she saw her father's palace, and in the uppermost part of it her old grandmother, with the silver crown on her head, gazing up through the turbulent current caused by the keel of the ship.

"Ja, du bist mir die Liebste," sagte der Prinz, "denn du hast das beste Herz von allen, du bist mir am meisten ergeben, und du gleichst einem jungen Mädchen, das ich einmal sah aber gewiß nie wieder finden werde. Ich war auf einem Schiffe, das unterging. Die Wogen trieben mich bei einem heiligen Tempel an das Land, wo mehrere junge Mädchen die Tempeldienste verrichteten. Die Jüngste fand mich am Meeresufer und rettete mir das Leben. Ich sah sie nur zwei Mal. Sie ist die einzige in dieser Welt, die ich lieben könnte, aber du gleichst ihr, du verdrängst fast ihr Bild in meiner Seele. Sie gehört dem heiligen Tempel an, und deshalb hat mein Glücksengel dich mir gesendet. Nie wollen wir uns trennen!"

"Ach, er weiß nicht, daß ich sein Leben gerettet habe!" dachte die kleine Seejungfer, "ich trug ihn über das Meer zu dem Walde, wo der Tempel stand; ich saß hinter dem Schaum und paßte auf, ob Menschen kommen würden; ich sah das schöne Mädchen, das er mehr liebt, als mich!" Und die Seejungfer seufzte tief, denn weinen konnte sie nicht. "Das Mädchen gehört dem heiligen Tempel an, hat er gesagt; sie kommt nie in die Welt hinaus, sie begegnen einander nicht mehr; ich bin bei ihm, sehe ihn jeden Tag. Ich will ihn pflegen, ihn lieben, ihm mein Leben opfern!"

Aber nun sollte der Prinz sich verheiraten mit des Nachbarkönigs schöner Tochter, erzählte man. Deshalb rüstete er auch ein so prächtiges Schiff aus. Der Prinz reist, um des Nachbarkönigs Länder kennen zu lernen, hieß es allerdings, aber es geschah im Grunde genommen, um des Nachbarkönigs Tochter kennen zu lernen. Ein großes Gefolge sollte ihn begleiten. Aber die kleine Seejungfer schüttelte das Haupt und lächelte. Sie kannte die Gedanken des Prinzen weit besser, als alle anderen.

"Ich soll reisen!" hatte er ihr gesagt, "ich soll die schöne Prinzessin sehen, meine Eltern verlangen das. Aber zwingen wollen sie mich nicht, sie als meine Braut heimzuführen. Ich kann sie ja nicht lieben! Sie gleicht nicht dem schönen Mädchen im Tempel, der du gleich siehst. Sollte ich einmal eine Braut wählen, so würdest eher du es werden, du, mein stummes Findelkind mit den sprechenden Augen!" und er küßte ihren roten Mund, spielte mit ihren langen Haaren und legte sein Haupt an ihr Herz, das von Menschenglück und einer unsterblichen Seele träumte.

"Du hast doch keine Furcht vor dem Meere, mein stummes Kind!" sagte er, als sie auf dem prächtigen Schiffe standen, das ihn in des Nachbarkönigs Land führen sollte. Und er erzählte ihr von Sturm und Windstille, von seltsamen Fischen in der Tiefe, und was der Taucher dort gesehen hatte. Sie lächelte bei seiner Erzählung, sie wußte ja besser als nur irgend ein Mensch im Meere bescheid.

In der mondklaren Nacht, als alle schliefen außer dem Steuermann, der am Ruder saß, saß sie an der Brüstung des Schiffes und starrte durch das klare Wasser hinab, und sie vermeinte, ihres Vaters Schloß zu sehen. Oben darauf stand ihre alte Großmutter mit der Silberkrone auf dem Haupte und starrte durch die wilde Strömung zu des Schiffes Kiel hinauf.

Just then her sisters came up to the surface, staring sorrowfully at her and wringing their white hands. She beckoned to them, smiled, and wanted to tell them that she was well and happy, but the ship's boy came up to her, and the sisters dived down, so that he remained in the belief that the white objects he had seen were the foam on the sea.

The following morning the ship sailed into the harbor of the beautiful city of the neighboring king. All the church bells were ringing, and from the lofty towers trumpets were being blown, while the soldiers were standing with flying colors and glittering bayonets. Every day there was a festival. Balls and parties followed one another; but the princess had not as yet appeared. She was being brought up at a holy temple far away, they said, where she learned every royal virtue. At last she came.

The little mermaid was very anxious to see her beauty, and she had to acknowledge that a more beautiful being she had never seen. Her skin was so fine and clear, and from behind her long dark eyelashes shone a pair of dark blue, faithful eyes.

"It is you," said the prince—"you who saved my life when I lay like a corpse on the shore." And he folded his blushing bride in his arms.

"Oh, I am far too happy!" he said to the little mermaid. "My highest wish, that which I never dared to hope for, has been fulfilled. You will rejoice at my happiness, for you love me more than all of them."

And the little mermaid kissed his hand, and felt already as if her heart were breaking. His wedding morning would bring death to her, and change her into foam on the sea.

All the church bells were ringing, and heralds rode about the streets proclaiming the betrothal. On all the altars fragrant oil was burning in costly silver lamps. The priests swung jars with incense, and the bride and bridegroom joined hands and received the blessing of the bishop. The little mermaid stood dressed in silk and gold, holding the bride's train, but her ears did not hear the festive music, and her eyes did not see the holy ceremony. She was thinking only of the approaching night, which meant death to her, and of all she had lost in this world.

The very same evening the bride and the bridegroom went on board the ship, the cannons roared, all the flags were waving, and in the middle of the deck a royal tent of purple and gold, with the most sumptuous couches, had been erected. There should the bridal pair rest during the quiet, cool night.

The sails swelled in the wind, and the ship glided smoothly and almost motionless over the bright sea.

Da kamen ihre Schwestern über das Wasser empor, und sie schauten sie traurig an und rangen ihre weißen Hände. Sie winkte ihnen zu, lächelte und wollte erzählen, daß sie glücklich sei und es ihr gut gehe, aber der Schiffsjunge näherte sich ihr, und die Schwestern tauchten hinab, so daß er glaubte, das Weiße, das er gesehen, sei Meeresschaum.

Am nächsten Morgen fuhr das Schiff in den Hafen bei des Nachbarkönigs prächtiger Stadt ein. Alle Kirchenglocken erklangen, und von den hohen Türmen wurden die Posaunen geblasen, während die Soldaten mit wehenden Fahnen und blinkenden Bajonetten dastanden. Jeder Tag brachte ein neues Fest. Bälle und Gesellschaften folgten einander, aber die Prinzessin war nicht da. Sie war weit entfernt von hier in einem heiligen Tempel erzogen worden, sagte man. Dort lehre man sie alle königlichen Tugenden. Endlich traf sie ein.

Die kleine Seejungfer stand begierig, ihre Schönheit zu sehen, und sie mußte anerkennen, eine lieblichere Erscheinung hat sie nie gesehen. Die Haut war so fein und zart, und hinter den langen schwarzen Wimpern lächelte ein Paar dunkelblauer, treuer Augen.

"Du bist es!" sagte der Prinz, "Du, die mich rettete, als ich wie tot an der Küste lag!" und er schloß die errötende Braut in seine Arme.

"O, ich bin allzu glücklich!" sagte er zu der kleinen Seejungfer. "Das allerhöchste, auf was ich nie zu hoffen wagte, ist mir in Erfüllung gegangen. Du wirst dich mit mir über mein Glück freuen, denn du meinst es von allen am besten mit mir!"

Und die kleine Seejungfer küßte seine Hand, und sie fühlte fast ihr Herz brechen. Sein Hochzeitsmorgen sollte ihr ja den Tod bringen und sie zu Meeresschaum verwandeln.

Alle Kirchenglocken läuteten, Herolde ritten in den Straßen umher und verkündeten die Verlobung. Auf allen Altaren brannten duftende Öle in kostbaren Silberlampen. Die Priester schwangen die Räucherfässer, und Braut und Bräutigam reichten einander die Hand und nahmen den Segen des Bischofs entgegen. Die kleine Seejungfer stand in Gold und Seide gekleidet und hielt die Schleppe der Braut, aber ihre Ohren hörten nichts von der festlichen Musik, ihre Augen sahen nicht die heilige Zeremonie. Sie dachte an ihre Todesnacht und an alles, was sie in dieser Welt verlor.

Noch am selben Abend gingen Braut und Bräutigam an Bord des Schiffes. Die Kanonen donnerten, alle Flaggen wehten, und inmitten des Schiffes war ein königliches Zelt aus Gold und Purpur mit herrlichen Kissen errichtet. Dort sollte das Brautpaar in der kühlen, stillen Nacht schlafen.

Die Segel bauschten sich im Winde, und das Schiff glitt leicht und ohne große Bewegung über die klare See.

When it grew dark gaily colored lanterns were lighted, and the sailors danced merry dances on the deck. The little mermaid could not help thinking of the first time she rose out of the sea and saw the same splendor and merriment, and she joined in the dance, whirling round and round like the swallows when they are pursued. All applauded her. Never before had she danced so charmingly. Her tender feet felt as if they were being pierced by sharp knives, but she did not feel this; her heart suffered from a far more terrible pain. She knew it was the last evening she should see him for whom she had left her relations and her home, for whom she had given up her beautiful voice, and had daily suffered infinite agonies, of which he had no idea. It was the last night she would breathe the same air as he, and see the deep sea and the starlit sky. An eternal night without thoughts and dreams awaited her, who had no soul, who could never gain one. On board the ship the rejoicings and the merriment went on until far beyond midnight. She laughed and danced while the thoughts of death were uppermost in her mind. The prince kissed his lovely bride, and she played with his black locks, and arm in arm they went to rest in the magnificent tent.

* * *

Als es dunkelte, wurden bunte Lampen entzündet, und die Seeleute tanzten lustige Tänze auf dem Deck. Die kleine Seejungfer mußte des ersten Abends gedenken, da sie aus dem Meere auftauchte und dieselbe Pracht und Freude mit angesehen hatte. Und sie wirbelte mit im Tanze, schwebte, wie die Schwalbe schwebt, wenn sie verfolgt wird, und alle jubelten ihr Bewunderung zu, denn noch nie hatte sie so wundersam getanzt; es schnitt wie mit scharfen Messern in ihre zarten Füße, aber sie fühlte es nicht, denn weit mehr schmerzte ihr Herz. Sie wußte, an diesem Abend sah sie ihn zum letzten Male, ihn, um dessen willen sie die Heimat verlassen hatte, für den sie ihre herrliche Stimme hingegeben hatte, und für den sie täglich unendliche Qualen erlitten hatte, ohne daß er es auch nur ahnte. Es war die letzte Nacht, daß sie dieselbe Luft mit ihm atmete, das tiefe Meer und den blauen Sternenhimmel erblickte. Ewige Nacht ohne Gedanken und Träume wartete ihrer, die eine Seele nicht hatte und sie nimmermehr gewinnen konnte. Und ringsum war Lust und Fröhlichkeit auf dem Schiffe bis weit über Mitternacht hinaus. Sie lächelte und tanzte mit Todesgedanken im Herzen. Der Prinz küßte seine schöne Braut, und sie spielte mit seinem schwarzen Haar, und Arm in Arm gingen sie zur Ruhe in das prächtige Zelt.

Everything then became quiet on the ship, only the steersman was standing at the helm, and the little mermaid laid her white arms on the gunwale and gazed toward the east for the first blush of the morning. The first ray of the sun, she knew, would be her death. Then she saw her sisters rising from the sea. They were as pale as she, and their long, beautiful hair no longer waved in the wind. It had been cut off.

"We have given it to the witch, that she might help you, that you may not die this night. She has given us a knife; here it is. See how sharp it is! Before the sun rises you must plunge it into the prince's heart, and when his warm blood touches your feet they will grow together to a fish's tail, and you will become a mermaid again, and can go down with us into the sea and live your three hundred years before you become the dead salt froth on the sea. Make haste! He or you must die before the sun rises."

* * *

Es wurde ruhig und still auf dem Schiffe, nur der Steuermann stand am Ruder. Die kleine Seejungfer legte ihre weißen Arme auf die Schiffsbrüstung und sah nach Osten der Morgenröte entgegen. Der erste Sonnenstrahl, wußte sie, würde sie töten. Da sah sie ihre Schwestern aus dem Meere aufsteigen, sie waren bleich wie sie selbst; ihre langen schönen Haare wehten nicht mehr im Winde. Sie waren abgeschnitten.

"Wir haben sie der Hexe gegeben, damit sie dir Hilfe bringen sollte und du nicht in dieser Nacht sterben mußt! Sie hat uns ein Messer gegeben. Hier ist es! Siehst du, wie scharf es ist? Bevor die Sonne aufgeht, mußt du es dem Prinzen ins Herz stoßen, und wenn sein warmes Blut über deine Füße spritzt, wachsen sie zu einem Fischschwanz zusammen und du wirst wieder eine Seejungfer, kannst zu uns ins Wasser herniedersteigen und noch dreihundert Jahre leben, ehe du zu totem, kaltem Meeresschaum wirst. Beeile dich! Er oder du mußt sterben, bevor die Sonne aufgeht."

"Our old grandmother is mourning so much for you that her white hair has fallen off, just as ours fell under the scissors of the witch. Kill the prince and come back with us. Make haste! Do you see the red streak on the sky? In a few minutes the sun will rise, and then you must die." And the sisters gave a strange, deep sigh and vanished in the waves.

The little mermaid drew back the purple curtain of the tent, and saw the beautiful bride asleep with her head resting on the prince's breast. She bent down, kissed him on his beautiful forehead, and looked at the sky, where the gleam of the morning was growing brighter and brighter. She glanced at the sharp knife, and again fixed her eyes on the prince, who just then whispered the name of his bride in his dreams. He thought only of her. The knife trembled in the hand of the little mermaid—then she suddenly flung it far away into the waves, which gleamed red where it fell. The bubbles that rose to the surface looked like drops of blood. Once more she looked with dimmed eyes at the prince, and then threw herself from the ship into the sea. She felt her body dissolving itself into foam.

The sun now rose above the horizon, its rays falling so mild and warm on the deadly cold sea foam that the little mermaid did not feel the pangs of death.

* * *

"Unsere alte Großmutter trauert so sehr, daß ihr weißes Haar abgefallen ist, wie das unsere von der Schere der Hexe. Töte den Prinzen und komm zurück! Beeile dich! Siehst du den roten Streifen am Himmel. In wenigen Minuten steigt die Sonne empor, und dann mußt du sterben!" und sie stießen einen tiefen Seufzer aus und versanken in den Wogen.

Die kleine Seejungfer zog den purpurnen Teppich vor dem Zelte fort, und sie sah die schöne Braut, ihr Haupt an der Brust des Prinzen gebettet, ruhen. Da beugte sie sich nieder, küßte ihn auf seine schöne Stirn, sah zum Himmel auf, wo die Morgenröte mehr und mehr aufleuchtete, sah auf das scharfe Messer und heftete die Augen wieder auf den Prinzen, der im Traume den Namen seiner Braut flüsterte. Sie nur lebte in seinen Gedanken, und das Messer zitterte in der Hand der Seejungfer, – dann aber schleuderte sie es weit hinaus in die Wogen. Sie glänzten rot, und wo es hinfiel, sah es aus, als ob Blutstropfen aus dem Wasser aufquollen. Noch einmal sah sie mit halbgebrochenem Auge auf den Prinzen, dann stürzte sie sich vom Schiffe ins Meer hinab und fühlte, wie ihre Glieder sich in Schaum auflösten.

Nun stieg die Sonne aus dem Meere empor. Ihre Strahlen fielen so mild und warm auf den todeskalten Meeresschaum, und die kleine Seejungfer fühlte den Tod nicht.

She saw the bright sun, and above her floated hundreds of beautiful transparent beings, through whom she could see the white sails of the ships and the red clouds in the sky. Their voice was melodious, but so spiritual that no human ear could hear it, just as no human eye could see them. They had no wings, but soared lightly through the air. The little mermaid now discovered that she had a body like theirs, and that she was gradually rising out of the foam.

"Where am I going?" she asked. And her voice sounded like that of the other beings, so spiritual that no earthly music could reproduce it.

"To the daughters of the air," replied the others. "A mermaid has not an immortal soul, and can never gain one unless she wins the love of a man. Her eternal existence depends upon the power of another. Neither have the daughters of the air any immortal soul, but they can win one by their good deeds. We fly to the warm countries, where the close, pestilent air kills human beings. There we waft cool breezes to them. We spread the perfume of the flowers through the air, and distribute health and healing. When for three hundred years we have striven to do all the good we can, we receive an immortal soul, and can share in the eternal happiness of mankind. You, poor little mermaid, have with all your heart striven to reach the same goal as we. You have suffered and endured, and raised yourself to the world of spirits. Now you can, by good deeds, obtain an immortal soul after three hundred years."

And the little mermaid lifted her transparent arms toward the sun, and for the first time she felt tears coming into her eyes.

On the ship there was again life and merriment. She saw the prince with his beautiful bride searching for her. Sorrowfully they looked at the bubbling foam, as if they knew that she had thrown herself into the sea. Invisibly she kissed the bride's forehead. She gave the prince a smile, and rose with the other children of the air on the rosy cloud which sailed through space. "After three hundred years we shall thus float into the kingdom of heaven."

"We may yet get there earlier," whispered one of them. "Invisibly we float into the houses of mankind, where there are children; and for every day on which we find a good child who brings joy to his parents and deserves their love, our time of probation is shortened. The child does not know when we fly through the room, and when we smile with joy at such a good child, then a year is taken off the three hundred. But if we see a bad and wicked child, we must weep tears of sorrow, and for every tear a day is added to our time of trial."

Sie sah die klare Sonne, und über ihr schwebten hunderte von herrlichen, durchsichtigen Geschöpfen. Durch sie hindurch konnte sie des Schiffes weiße Segel sehen und des Himmels rote Wolken, ihre Stimmen waren wie Musik, aber so geisterhaft, daß kein menschliches Ohr sie vernehmen konnte, ebenso wie kein menschliches Auge sie wahrnehmen konnte. Ohne Flügel schwebten sie durch ihre eigene Leichtigkeit in der Luft dahin. Die kleine Seejungfer sah, daß sie einen Körper hatte, wie diese Wesen, der sich mehr und mehr aus dem Schaume erhob.

"Zu wem komme ich?" fragte sie, und ihre Stimme klang wie die der anderen Wesen, so geisterhaft zart, daß keine irdische Musik es wiederzugeben vermag.

"Zu den Töchtern der Luft!" antworteten die anderen. "Seejungfrauen haben keine unsterbliche Seele und können nie eine erringen, es sei denn, daß sie die Liebe eines Menschen gewinnen! Von einer fremden Macht hängt ihr ewiges Dasein ab. Die Töchter der Luft haben auch keine unsterbliche Seele, aber sie können sich durch gute Taten selbst eine schaffen. Wir fliegen zu den warmen Ländern, wo die schwüle Pestluft die Menschen tötet; dort fächeln wir Kühlung. Wir verbreiten den Duft der Blumen durch die Lüfte und senden Erquickung und Heilung. Wenn wir dreihundert Jahre lang danach gestrebt haben, alles Gute zu tun, was wir vermögen, so erhalten wir eine unsterbliche Seele und nehmen teil an der ewigen Glückseligkeit der Menschen. Du arme, kleine Seejungfer hast von ganzem Herzen dasselbe erstrebt, wie wir. Du hast gelitten und geduldet, hast dich nun zur Welt der Luftigeister erhoben und kannst jetzt selbst durch gute Werke dir eine unsterbliche Seele schaffen nach dreihundert Jahren."

Und die kleine Seejungfer hob ihre durchsichtigen Arme empor zu Gottes Sonne, und zum ersten Male fühlte sie Tränen in ihre Augen steigen. – Auf dem Schiffe erwachte wieder Geräusch und Leben, sie sah den Prinzen mit seiner schönen Braut nach ihr suchen, wehmütig starrten sie in den wogenden Schaum, als ob sie wüßten, daß sie sich in die Wogen gestürzt hatte. Unsichtbar küßte sie die Stirn der Braut, lächelte dem Prinzen zu und stieg dann mit den anderen Kindern der Luft zu der rosenroten Wolke hinauf, die über ihnen dahinsegelte. "In dreihundert Jahren schweben wir so in Gottes Reich"

"Auch noch frühzeitiger können wir dorthin gelangen!" flüsterte eine der eine der Lufttöchter ihr zu. "Unsichtbar schweben wir in die Häuser der Menschen, wo Kinder sind, und um jeden Tag, an dem wir ein gutes Kind finden, das seinen Eltern Freude macht und ihre Liebe verdient, verkürzt Gott unsere Prüfungszeit. Das Kind weiß nicht, wann wir in die Stube fliegen, und wenn wir vor Freude über ein Kind lächeln, so wird uns ein Jahr von den dreihundert geschenkt. Aber wenn wir ein unartiges und böses Kind sehen, dann müssen wir Tränen des Kummers vergießen, und jede Träne legt unsere Prüfungszeit einen Tag hinzu."

Copyright © 2016 by Svetlana Bagdasaryan.
All rights reserved.

Made in the USA
Columbia, SC
02 April 2019